Skattegrunder
Din omfattande guide till hur du navigerar skatter i Sverige

Innehållsförteckning

Introduktion 1
Förstå skattepliktig inkomst 2
Personligt identifieringsnummer (personnummer) 3
Lämna in skattedeklarationer 5
Skattesatser och parenteser 7
Avdrag och krediter: Få dina pengar att fungera för dig 8
Kapitalvinstskatt: Att göra mening med investerings vinster 10
Fastighetsskatter: Förstå dina skyldigheter som husägare 12
Moms (Moms) Grunderna: Navigera i mervärdesskattens värld ... 14
Beskattning av inkomst av egenföretagare: Navigera skatter som frilansare eller entreprenör 16
Beskattning av investeringsinkomster: Förstå dina investeringar vinster 18
Skatteplanering Strategier: Behåll mer av dina surt förvärvade pengar 20
Skatte Efterlevnad och undvikande: Walking the Fine Line 22
Beskattning av utländska inkomster: Navigera internationell beskattning i Sverige 24
Beskattning av förmåner och bidrag: Maximera din inkomst samtidigt som du följer reglerna 26
Beskattning av pensionsinkomster: Planera din pensionsekonomi klokt 28
Skatteavdrag för utbildning och forskning: Investera i kunskap och innovation 30
Beskattning av sociala förmåner: Förstå inverkan på din ekonomi 32
Skattekonsekvenser av äktenskap och familj: Navigera din ekonomiska resa tillsammans 34
Beskattning av frilansare och spelningsarbetare: Navigera i den flexibla arbetsstyrkan 36
Beskattning av utlandsstationerade: Navigera i internationella skatteregler 38

Skatterevisioner och överklaganden: navigera utmaningar med förtroende 40

Skatte Informationsresurser: Din guide till att navigera i svensk beskattning 42

Skatteeffekter av investeringar utomlands: Navigering i internationell investerings beskattning 44

Skattekonsekvenser av entreprenörskap: Navigera i skatte landskapet som företagsägare 46

Beskattning av fastighetstransaktioner: Navigera i fastighetsskatt labyrinten 48

Miljöskatter och incitament: Främja hållbarhet genom skattepolicy 50

Beskattning av digitala tjänster: Ta itu med utmaningar i den digitala ekonomin 52

Framtida trender inom svensk beskattning: Omfamning av förändring i ett dynamiskt landskap 54

Slutsats 56

Upphovsrättsmeddelande

Alla rättigheter förbehållna. Ingen del av denna bok får reproduceras, distribueras eller överföras i någon form eller på något sätt, inklusive fotokopiering, inspelning eller andra elektroniska eller mekaniska metoder, utan föregående skriftligt tillstånd från utgivaren, förutom vad som är tillåtet enligt upphovsrättslagen.

Introduktion

Välkommen till Skattegrunder: Din omfattande guide till hur du navigerar skatter i Sverige. Att förstå det svenska skattesystemet är viktigt för alla invånare, oavsett om du är en arbetande professionell, en företagare eller en pensionär. Skatter spelar en avgörande roll för att finansiera offentliga tjänster, underhålla infrastruktur och säkerställa sociala välfärdsprogram i Sverige.

Det svenska skattesystemet är känt för sin rättvisa, transparens och progressiva karaktär. Den är utformad för att fördela skattebördan rättvist mellan individer och företag baserat på deras betalningsförmåga.

I den här guiden kommer vi att utforska de grundläggande aspekterna av det svenska skattesystemet, från att förstå skattepliktig inkomst till att navigera i avdrag, krediter och skatteplanering strategier.

Som bosatt i Sverige kommer du att möta olika skatter, inklusive inkomstskatt, fastighetsskatt, moms (mamma), reavinstskatt med mera. Varje skatt har sin egen uppsättning regler, taxor och undantag, som ibland kan vara komplicerade att navigera. Men med rätt kunskap och vägledning kan du hantera dina skatte förpliktelser effektivt och till och med optimera din skattesituation.

Oavsett om du lämnar in din årliga skattedeklaration, planerar för pension, startar ett företag eller investerar på aktiemarknaden, kommer den här guiden att ge dig de viktiga tips och insikter du behöver för att fatta välgrundade beslut och minimera dina skatteskulder.

Så låt oss ge oss ut på denna resa tillsammans och ge oss själva kunskapen att navigera i det svenska skattesystemet med tillförsikt och lätthet. Låt oss dyka ner i skatternas krångligheter i Sverige och upptäcka hur du får ut det mesta av din ekonomiska situation samtidigt som du fullgör ditt medborgerliga ansvar.

Förstå skattepliktig inkomst

När det kommer till att hantera din ekonomi i Sverige är ett av nyckelbegreppen du behöver greppa beskattningsbar inkomst. Din beskattningsbara inkomst ligger till grund för att beräkna hur mycket du är skyldig i skatt till Skatteverket.

Beskattningsbar inkomst omfattar olika inkomstkällor och förmåner som är föremål för beskattning av staten. Detta inkluderar inkomster från anställning, eget företagande, investeringar, hyresfastigheter, pensioner och andra källor. I huvudsak kan alla pengar du tjänar eller får betraktas som skattepliktig inkomst om de inte är särskilt undantagna enligt lag.

Men alla inkomster beskattas inte i samma takt. Det svenska skattesystemet fungerar på en progressiv skala, vilket innebär att ju mer du tjänar, desto högre procentandel av din inkomst kommer du att betala i skatt. Denna progressiva struktur syftar till att säkerställa att de med högre inkomster bidrar med en större del av sina inkomster för att finansiera offentliga tjänster och sociala välfärdsprogram.

Att förstå vad som utgör skattepliktig inkomst och hur den beräknas är avgörande för att korrekt rapportera dina inkomster och uppfylla dina skatteplikter. Genom att bekanta dig med de olika källorna till skattepliktig inkomst och tillämpliga avdrag, krediter och undantag kan du effektivt hantera din ekonomi och optimera din skattesituation.

I följande kapitel kommer vi att fördjupa oss i de specifika typerna av beskattningsbar inkomst, utforska vanliga avdrag och krediter som är tillgängliga för skattebetalare och ge praktiska tips för att maximera din skatteeffektivitet i Sverige. Så låt oss dyka in och reda ut komplexiteten i beskattningsbar inkomst tillsammans.

Personligt identifieringsnummer (personnummer)

I Sverige spelar personnummer, allmänt känt som "Personnummer", en avgörande roll i olika aspekter av livet, inklusive beskattning. Personnumret är en unik identifierare som tilldelas individer bosatta i Sverige, både medborgare och bosatta, och används för officiella ändamål som skatter, sjukvård, banker med mera.

För beskattnings ändamål fungerar Personnumret som ditt identifikationsnummer vid interaktion med Skatteverket. Den används för att länka dina skatteuppgifter, anmälningar och korrespondens med din personliga information, vilket säkerställer noggrannhet och säkerhet i skattesystemet.

Att skaffa ett Personnummer är vanligtvis ett av de första stegen för personer som planerar att bo och arbeta i Sverige under en längre period. Den utfärdas av Skatteverket vid registrering av hemvist, oavsett om den är svensk medborgare, permanent bosatt eller tillfälligt bosatt.

Att ha ett personnummer är avgörande för att du ska kunna fullgöra dina skatteplikter i Sverige. Det gör att du kan lämna in din årliga skattedeklaration, kräva avdrag och krediter, få skatteåterbäring och få tillgång till olika statliga tjänster och förmåner.

Dessutom underlättar Personnummer kommunikationen med arbetsgivare, banker, vårdgivare och andra institutioner, effektiviserar administrativa processer och säkerställer smidiga interaktioner i det dagliga livet.

Det är viktigt att skydda ditt personnummer och använda det på ett ansvarsfullt sätt, eftersom det innehåller känslig personlig information och är kopplat till dina skatte- och ekonomiuppgifter. Genom att förstå betydelsen av Personnumret och säkerställa att det används på rätt sätt kan du navigera i det svenska skattesystemet med tillförsikt och efterlevnad.

I de efterföljande avsnitten kommer vi att utforska mer i detalj hur Personnumret används i beskattningen, samt ge vägledning om hur du skaffar och hanterar ditt Personnummer på ett effektivt sätt för sömlös integration i det svenska samhället. Låt oss fortsätta vår resa för att avmystifiera beskattningens komplexitet i Sverige.

Lämna in skattedeklarationer

Att lämna skattedeklarationer är en grundläggande del av att sköta sin ekonomi i Sverige. Oavsett om du är anställd, egenföretagare, företagare eller pensionär, är det viktigt att förstå skattedeklaration processen för att uppfylla dina skyldigheter gentemot Skatteverket och för att säkerställa efterlevnad av skattelagstiftningen.

I Sverige lämnas skattedeklarationer vanligtvis årligen, med tidsfristen vanligtvis i maj året därpå. Skattedeklarationen ger en möjlighet för skattebetalare att rapportera sina inkomster, avdrag, krediter och annan relevant ekonomisk information till skattemyndigheten.

För de flesta privatpersoner innebär deklaration processen att man fyller i och lämnar in en standardiserad blankett som tillhandahålls av Skatteverket. Detta formulär, som kallas "skattedeklaration" (deklaration), kräver att du tillhandahåller information om dina inkomstkällor, såsom arbetsinkomster, investerings intäkter, hyresintäkter och andra skattepliktiga inkomster.

Utöver att redovisa inkomster är skattskyldiga också skyldiga att deklarera avdrag, krediter och andra avdrag som kan minska deras skatteplikt. Vanliga avdrag inkluderar bland annat kostnader relaterade till arbete, utbildning, sjukvård och donationer till välgörenhet. Genom att göra anspråk på berättigade avdrag och krediter kan skattebetalare minska sin skattepliktiga inkomst och eventuellt få en skatteåterbäring.

När skattedeklarationen lämnats bedömer Skatteverket de lämnade uppgifterna och beräknar den skattskyldiges slutliga skattskyldighet eller återbetalning. Om ytterligare dokumentation eller förtydligande krävs kan skattemyndigheten begära ytterligare information innan bedömningen slutförs.

Det är viktigt att lämna in din skattedeklaration korrekt och i tid för att undvika straffavgifter eller räntekostnader för sen inlämning. Dessutom kan att hålla organiserade register över dina inkomster, utgifter och relevanta dokument under hela året effektivisera skattedeklaration processen och säkerställa efterlevnad av rapporteringskrav.

För individer med mer komplexa ekonomiska situationer, såsom företagsägare, frilansare eller de med flera inkomstkällor, kan det vara fördelaktigt att söka professionell rådgivning eller hjälp från skatteexperter för att säkerställa korrekt rapportering och maximera skatte effektiviteten.

I de efterföljande kapitlen kommer vi att fördjupa oss i specifika aspekter av skattedeklarationer, inklusive avdrag, krediter och strategier för att optimera din skattesituation. Låt oss fortsätta vår utforskning av beskattning i Sverige och ge oss själva kunskapen att navigera i skattedeklaration processen på ett effektivt sätt.

Skattesatser och parenteser

Okej, låt oss prata om skattesatser och parenteser i Sverige. Hur mycket du är skyldig i skatt beror i huvudsak på hur mycket du tjänar. Sverige använder ett progressivt skattesystem, vilket innebär att ju mer du tjänar, desto högre andel av din inkomst betalar du i skatt.

Nu, här är affären: skattesatserna i Sverige varierar beroende på din inkomstnivå. Till exempel betalar folk med lägre inkomster en lägre skattesats, medan de med högre inkomster betalar en högre skattesats. Det handlar om rättvisa och att se till att alla bidrar med sin beskärda del för att finansiera offentliga tjänster och sociala program.

Så, hur fungerar det? Jo, Sverige har flera skatteklasser, var och en med sin egen skattesats. När din inkomst ökar, flyttar du upp till högre skatteklasser där du betalar en högre procentandel av skatten på den extra inkomsten.

Men oroa dig inte, det är inte bara undergång och dysterhet. Även om du är i en högre skatteklass får du fortfarande behålla en betydande del av dina inkomster. Dessutom erbjuder Sverige olika avdrag, krediter och undantag som kan hjälpa till att minska din skattepliktiga inkomst och totala skattekostnad.

Sammantaget är att förstå hur skattesatser och parentes fungerar är nyckeln till att hantera din ekonomi och planera för skatter i Sverige. Genom att veta vilken bracket du faller inom och hur mycket du kommer att vara skyldig, kan du budgetera därefter och fatta välgrundade beslut om din ekonomi. Så, låt oss dyka ner i detaljerna och avmystifiera världen av skattesatser och parenteser i Sverige!

Avdrag och krediter: Få dina pengar att fungera för dig

Okej, låt oss prata om avdrag och krediter – de är som små skatteförmåner som kan hjälpa till att lätta din skattebörda i Sverige. Se dem som sätt att ha mer av dina surt förvärvade pengar i fickan.

Först och främst, avdrag. Dessa är utgifter som du kan dra av från din skattepliktiga inkomst, vilket minskar mängden inkomst som är föremål för skatt. Vanliga avdrag inkluderar saker som arbetsrelaterade kostnader, utbildningskostnader, sjukvårdskostnader och donationer till välgörenhet. Genom att kräva dessa avdrag kan du effektivt sänka din skattepliktiga inkomst och potentiellt vara skyldig mindre i skatt.

Låt oss nu gå vidare till krediter. Krediter är som skatterabatter – de minskar direkt mängden skatt du är skyldig, dollar för dollar. Ganska söt, eller hur? I Sverige finns det olika skattelättnader för olika situationer, till exempel barnomsorgskostnader, husrenoveringar för energieffektivisering och även investeringar i vissa branscher. Genom att dra nytta av dessa krediter kan du sänka din skatteräkning och ha mer pengar i fickan.

Men här är kickern: för att få ut det mesta av avdrag och krediter måste du veta vad du är berättigad till och hur du gör anspråk på dem på rätt sätt. Det är där det är viktigt att hålla sig informerad och att hålla bra register. Genom att hålla reda på dina utgifter under hela året och förstå skattereglerna kan du maximera dina avdrag och krediter när det gäller skatt.

Och hej, om du någon gång är osäker på vilka avdrag eller krediter du är berättigad till, tveka inte att kontakta Skatteverket eller rådgöra med en skatteexpert. De kan ge vägledning och se till att du drar full nytta av alla tillgängliga skattelättnader.

Så där har du det – avdrag och krediter är kraftfulla verktyg som kan hjälpa dig att hålla mer av dina pengar i fickan. Genom att förstå hur de fungerar och vara proaktiv när det gäller att kräva dem kan du få dina pengar att fungera för dig och minimera din skattekostnad i Sverige.

Kapitalvinstskatt: Att göra mening med investerings vinster

Okej, låt oss dyka in i kapitalvinstskatt ens värld – allt handlar om vad du tjänar när du tjänar pengar på dina investeringar. I Sverige, när du säljer en tillgång som aktier, obligationer eller fastigheter för mer än vad du betalade för den, har du en reavinst. Och gissa vad? Skattemannen vill ha en bit av den kakan.

Här är lågpunkten: kapitalvinstskatt är skatten du betalar på vinsten du gör på att sälja dina investeringar. Hur mycket skatt du är skyldig beror på hur länge du har ägt tillgången och om det anses vara en kortsiktig eller långsiktig vinst.

För kortsiktiga vinster – det är när du har ägt tillgången i mindre än ett år – betalar du skatt enligt din vanliga inkomstskattesats. Ja, det behandlas precis som alla andra inkomster du tjänar.

Men om du håller fast vid din investering i mer än ett år blir det lite mer intressant. I Sverige beskattas långfristiga realisationsvinster generellt sett lägre än vanliga inkomster. Den exakta räntan beror på typen av tillgång och din totala inkomst för året.

Nu, här är kickern: du kanske kan minska din kapitalvinstskatt genom att kvitta dina vinster med eventuella förluster du har ådragit dig från andra investeringar. Det kallas "kompensera förluster" och det kan hjälpa dig att sänka din totala skatteskuld.

Men hallå, innan du börjar fira dina vinster, se till att du har alla dina ankor i rad när det kommer till kapitalvinstskatt. Håll koll på dina investeringar transaktioner, förstå skattereglerna och överväg att rådgöra med en skatterådgivare för att hjälpa dig att navigera i reavinstskatten i Sverige.

Genom att hålla dig informerad och proaktiv om att hantera dina investeringar skatter kan du få ut det mesta av dina investeringar vinster och ha mer pengar i fickan. Så fortsätt, fortsätt investera – glöm bara inte skatten på vägen.

Fastighetsskatter: Förstå dina skyldigheter som husägare

Låt oss fördjupa oss i fastighetsskatternas värld – en viktig aspekt av bostadsägande i Sverige. Oavsett om du äger ett hus, lägenhet eller mark spelar fastighetsskatten en roll för ditt ekonomiska ansvar som fastighetsägare.

Här är scoop: Fastighetsskatten i Sverige baseras på taxeringsvärdet på din fastighet, så kallat taxeringsvärde. Skatteverket fastställer fastigheternas taxeringsvärde genom en värderingsprocess som tar hänsyn till faktorer som läge, storlek, skick och bekvämligheter.

När det beskattningsbara värdet på din fastighet har fastställts ligger det till grund för beräkningen av din fastighetsskatt. Den skattesats som tillämpas på din fastighets taxeringsvärde varierar beroende på faktorer som kommun och fastighetstyp.

I Sverige betalas fastighetsskatten vanligtvis årligen och används för att finansiera kommunala tjänster och infrastrukturprojekt i din kommun. Dessa tjänster kan innefatta skolor, vägar, parker, avfallshantering och räddningstjänst, bland annat.

Nu, här är de goda nyheterna: fastighetsskatter i Sverige anses generellt vara relativt låga jämfört med vissa andra länder. Dessutom kan husägare vara berättigade till avdrag och undantag som kan hjälpa till att minska deras fastighetsskatt räkning. Det finns till exempel avdrag för hemförbättringar som ökar energieffektiviteten eller tillgängligheten för personer med funktionsnedsättning.

Det är viktigt att hålla sig informerad om dina skyldigheter i fastighetsskatten och eventuella tillgängliga avdrag eller undantag. Genom att förstå de faktorer som påverkar din fastighetsskatt räkning och dra nytta av tillgängliga skattelättnader kan du effektivt hantera din fastighetsskatt och minimera din ekonomiska börda som husägare.

Om du har några frågor eller funderingar kring fastighetsskatten i Sverige, tveka inte att kontakta Skatteverket eller rådgöra med en skatterådgivare. De kan ge vägledning och hjälp för att säkerställa att du uppfyller dina skyldigheter och maximerar alla tillgängliga skatteförmåner.

Så, oavsett om du är en ny husägare eller en erfaren fastighetsägare, är förståelse för fastighetsskatter avgörande för att hantera din ekonomi och upprätthålla efterlevnaden av skattelagstiftningen i Sverige. Håll koll på ditt fastighetsskatt ansvar och njut av fördelarna med att äga ett hus med tillförsikt.

Moms (Moms) Grunderna: Navigera i mervärdesskattens värld

Okej, låt oss bryta ner grunderna för moms, eller som det kallas i Sverige, mammor. Mervärdesskatt (moms) är en konsumtionsskatt som tas ut på de flesta varor och tjänster som köps och säljs inom Sverige. Det är en viktig inkomstkälla för regeringen och hjälper till att finansiera offentliga tjänster och program.

Så här fungerar det: när du köper varor eller tjänster i Sverige inkluderar priset du betalar vanligtvis moms. Säljaren tar sedan in denna moms och skickar den till Skatteverket. I huvudsak läggs moms på i varje steg av produktions- och distributionsprocessen, vilket återspeglar värdet för varje företag längs vägen.

Nu, här är kickern: momssatserna i Sverige varierar beroende på vilken typ av varor eller tjänster som säljs. Det finns tre huvudsakliga momssatser:

1. Standardsats: Detta är den vanligaste momssatsen och gäller för de flesta varor och tjänster. I Sverige är den normala momssatsen vanligtvis 25 %.
2. Reducerad skattesats: Vissa varor och tjänster berättigar till en reducerad momssats, som är lägre än standard satsen. Detta inkluderar saker som mat, böcker, transporter och hotellrum.
3. Nollsats: Vissa varor och tjänster är föremål för en momssats på 0 %, vilket innebär att ingen moms tas ut på dessa varor. Detta inkluderar export, vissa internationella tjänster och vissa livsmedelsprodukter.

Som konsument kommer du att se moms inkluderad i priset på varor och tjänster du köper. För företag representerar moms både en kostnad och en källa till potentiell återvinningsbar moms på affärsutgifter.

Det är viktigt för företag att föra korrekta register över sina moms transaktioner och följa krav på momsredovisning till Skatteverket. Underlåtenhet att göra det kan leda till straff och böter.

Att förstå grunderna för moms är viktigt för både konsumenter och företag som är verksamma i Sverige. Genom att veta hur moms fungerar och följa momsreglerna kan du navigera i konsumtions skattens värld med tillförsikt och tydlighet. Så oavsett om du handlar mat i butiken eller driver ett företag, tänk på momsen som en del av din ekonomiska planering och beslutsprocess.

Beskattning av inkomst av egenföretagare: Navigera skatter som frilansare eller entreprenör

Okej, låt oss dyka in i en värld av inkomstbeskattning av egenföretagare – ett viktigt ämne för frilansare, oberoende entreprenörer och entreprenörer i Sverige. När du är egenföretagare är du inte bara ansvarig för att driva ditt företag; du måste också förstå och hantera dina skatteförpliktelser effektivt.

Så här är affären: när du är egenföretagare behandlas din företagsinkomst annorlunda i skattehänseende jämfört med traditionell arbetsinkomst. Istället för att en arbetsgivare drar in skatt på din lön, ansvarar du själv för att redovisa och betala skatt på din inkomst av egenföretagare till Skatteverket.

Så, hur fungerar det? Tja, som egenföretagare måste du lämna in en årlig skattedeklaration och rapportera dina företags inkomster och utgifter. Skatteverket använder denna information för att beräkna din skattepliktiga inkomst och avgöra hur mycket skatt du är skyldig.

Nu är det här det blir intressant: inkomster från egenföretagare är föremål för både inkomstskatt och sociala avgifter i Sverige. Inkomstskatten beräknas utifrån din totala beskattningsbara inkomst, som inkluderar dina inkomster från egenföretagare, medan sociala avgifter baseras på dina företagsvinster.

Som egenföretagare kan du också vara berättigad till vissa avdrag och krediter som kan hjälpa till att sänka din skattepliktiga inkomst och minska din totala skatteräkning. Dessa avdrag kan inkludera affärskostnader som kontorsmaterial, utrustning, resor och marknadsföringskostnader.

Det är viktigt att hålla korrekta register över dina företags inkomster och utgifter under hela året för att säkerställa att du rapporterar din inkomst av egenföretagare korrekt och maximerar eventuella tillgängliga skatteavdrag. Detta kan hjälpa dig att minimera din skatteskuld och undvika påföljder för underrapportering av inkomst eller överkrav på avdrag.

Dessutom är egenföretagare i Sverige vanligtvis skyldiga att betala kvartalsvis förskottsskatt baserat på deras beräknade årsinkomst. Dessa betalningar hjälper till att sprida skattebördan och se till att du håller koll på dina skatte förpliktelser under hela året.

Sammantaget är det viktigt att förstå beskattningen av inkomster från egenföretagare för alla som utövar frilansarbete eller företagande i Sverige. Genom att hålla dig informerad om ditt skatteansvar och söka professionell rådgivning när det behövs, kan du navigera i komplexiteten med beskattning av egenföretagare med tillförsikt och efterlevnad. Så oavsett om du är en frilansare eller en blivande entreprenör, tänk på skatter som en del av din affärsstrategi och ekonomiska planering.

Beskattning av investeringsinkomster: Förstå dina investeringar vinster

Okej, låt oss prata om hur dina investeringar intäkter beskattas i Sverige. Oavsett om du gillar aktier, obligationer eller fastigheter är det avgörande att förstå hur investerings intäkter beskattas för att maximera din avkastning och hålla dig på rätt sida om skattemannen.

Här är scoopet: när du tjänar pengar på dina investeringar, oavsett om det är genom utdelningar, räntor eller kapitalvinster, vill Skatteverket ha en del av kakan. Men oroa dig inte, det är inte så komplicerat som det låter.

Låt oss börja med utdelningar – det är pengarna du får från att äga aktier i ett företag. I Sverige är utdelning i allmänhet föremål för en schablon skattesats, vilket innebär att du betalar en bestämd procentsats av skatten på din utdelningsinkomst, oavsett din totala inkomst.

Därefter, ränteintäkter – det här är pengarna du tjänar på sparkonton, obligationer eller andra räntebärande investeringar. Liksom utdelningar är ränteintäkter också föremål för en schablon skattesats i Sverige, vilket gör det enkelt att räkna ut hur mycket skatt du är skyldig.

Låt oss nu prata om kapitalvinster – det är vinsten du gör när du säljer en investering för mer än du betalade för den. I Sverige beskattas kapitalvinster vanligtvis till en lägre skattesats än vanliga inkomster, särskilt om du har behållit investeringen i mer än ett år. Denna lägre skattesats är utformad för att uppmuntra långsiktiga investeringar och belöna investerare som håller kvar sina tillgångar.

Men här är kicker: om du ådrar dig en förlust från att sälja en investering, kan du vanligtvis kvitta den förlusten mot dina kapitalvinster för att sänka din totala skatteräkning. Det kallas "kompensera förluster" och det kan hjälpa dig att minska skatteeffekten av dina investeringar transaktioner.

Sammantaget är det viktigt att förstå hur investerings intäkter beskattas i Sverige för att kunna fatta välgrundade investeringsbeslut och optimera din skattesituation. Genom att hålla dig informerad om skattereglerna och söka professionell rådgivning vid behov kan du få ut det mesta av dina investeringar vinster och ha mer pengar i fickan. Så fortsätt, fortsätt att investera – kom bara ihåg att ha skatten i åtanke på vägen.

Skatteplanering Strategier: Behåll mer av dina surt förvärvade pengar

Okej, låt oss börja jobba och prata om skatteplanering strategier – för vem vill inte ha mer av sina pengar i fickan, eller hur? Oavsett om du är anställd, företagare eller investerare, finns det många smarta sätt att minimera din skattekostnad och maximera ditt ekonomiska välbefinnande i Sverige.

Låt oss börja med grunderna: förstå din skattesituation. Ta en ordentlig titt på dina inkomster, utgifter, investeringar och eventuella skatteavdrag eller krediter som du kan kvalificera dig för. Att veta var du står ekonomiskt är det första steget mot effektiv skatteplanering.

Nästa upp, överväg att tajma dina inkomster och utgifter strategiskt. Till exempel, om du förväntar dig att vara i en lägre skatteklass nästa år, kanske du vill skjuta upp vissa inkomster eller påskynda avdragen till innevarande år för att dra fördel av lägre skattesatser.

Glöm inte pensionsplaner ingen – avgifter till pensionssystem kan inte bara hjälpa dig att spara för framtiden utan också ge värdefulla skatteförmåner. I Sverige är avgifter till vissa pensionsplaner avdragsgilla, vilket innebär att du kan minska din skattepliktiga inkomst och eventuellt vara skyldig mindre i skatt.

Och hallå, på tal om avdrag, förbise inte kraften i att göra anspråk på alla avdrag och krediter du har rätt till. Oavsett om det är för donationer till välgörande ändamål, utbildningskostnader eller kostnader för hemmakontor, lägger varje avdrag ihop och kan hjälpa till att sänka din skatteräkning.

Om du är företagare finns det ännu fler skatteplanering möjligheter för dig. Överväg att strukturera ditt företag på ett skatteeffektivt sätt, dra fördel av tillgängliga avdrag för företags kostnader och utforska skatteincitament för vissa branscher eller aktiviteter.

Och slutligen, glöm inte vikten av att hålla sig informerad och söka professionell rådgivning när det behövs. Skattelagar och -regler kan vara komplexa och kan ändras, så det lönar sig att ha en kunnig rådgivare vid din sida som hjälper dig att navigera i skatteplaneringen.

Genom att implementera dessa skatteplanering strategier och vara proaktiv när det gäller att hantera din ekonomi kan du behålla mer av dina surt förvärvade pengar i fickan och uppnå dina ekonomiska mål mer effektivt. Så varsågod, ta hand om dina skatter och skörda frukterna av smart skatteplanering i Sverige.

Skatte Efterlevnad och undvikande: Walking the Fine Line

Okej, låt oss prata om skatte efterlevnad och skatteundandragande – för även om det är viktigt att uppfylla dina skatte förpliktelser, är det också smart att minimera din skattekostnad inom lagens gränser. Så, hur navigerar du i den här fina gränsen mellan efterlevnad och undvikande i Sverige?

Först och främst, låt oss klargöra skillnaden mellan skatte efterlevnad och skatteflykt. Skatte Efterlevnad innebär att följa skattelagarna och reglerna till punkt och pricka – rapportera din inkomst korrekt, betala dina skatter i tid och föra noggranna register över dina finansiella transaktioner. Det handlar om att spela efter reglerna och att vara en ansvarsfull skattebetalare.

Å andra sidan innebär skatteflykt att använda juridiska strategier för att minska din skatteskuld. Detta kan inkludera saker som att kräva avdrag, krediter och undantag, strukturera dina investeringar och affärstransaktioner på ett skatteeffektivt sätt och dra nytta av tillgängliga skattelättnader och kryphål. Även om skatteflykt är helt lagligt, är det viktigt att se till att du inte går över gränsen till skatteflykt – vilket är olagligt och kan hamna i hett vatten hos myndigheterna.

Så, hur hittar du den rätta balansen mellan efterlevnad och undvikande? Det handlar om att hålla sig informerad, vara proaktiv och söka professionell rådgivning när det behövs. Utbilda dig själv om skattelagar och regler i Sverige, föra korrekta register över dina finansiella transaktioner och utforska legitima skatteplanering strategier för att minimera din skattekostnad.

Var samtidigt försiktig med aggressiva skattesystem eller arrangemang som verkar för bra för att vara sanna. Om något känns skissartat eller för komplicerat är det förmodligen bäst att styra undan och hålla sig till mer raka och transparenta skatteplanering strategier.

Kom ihåg att även om det är smart att minimera din skattekostnad, är det lika viktigt att behålla din integritet och upprätthålla ditt etiska ansvar som skattebetalare. Genom att gå på den fina gränsen mellan följsamhet och undvikande med omsorg och försiktighet kan du navigera i det svenska skattesystemet med tillförsikt och sinnesfrid.

Beskattning av utländska inkomster: Navigera internationell beskattning i Sverige

Okej, låt oss dyka in i världen av utländsk inkomstbeskattning – ett viktigt ämne för individer som lever och arbetar internationellt samtidigt som de behåller banden till Sverige. Oavsett om du tjänar inkomst utomlands genom anställning, investeringar eller affärsverksamhet är det avgörande att förstå hur det beskattas i Sverige för att följa skattelagstiftningen.

Här är lågpunkten: Sverige beskattar sina invånare på deras världsomspännande inkomst, vilket innebär att om du är svensk medborgare, är du i allmänhet skyldig att rapportera och betala skatt på inkomst som tjänats in både inhemskt och utomlands. Detta inkluderar inkomst från anställning, eget företagande, investeringar, hyresfastigheter och andra källor, oavsett var de tjänas in.

Men Sverige har också skatteavtal och avtal med många länder för att förhindra dubbelbeskattning – det är då du beskattas för samma inkomst av både Sverige och ett annat land. Dessa skatteavtal fördelar vanligtvis beskattnings rättigheter mellan de två länderna och tillhandahåller mekanismer för att lindra dubbelbeskattning, såsom krediter eller undantag.

För personer som bor utomlands använder Sverige ett bosättningsbaserat beskattningssystem, vilket innebär att om du anses vara skattemässigt bosatt i Sverige, är du föremål för svensk beskattning av din världsomspännande inkomst. Att bestämma din skattemässiga hemvist status kan bero på faktorer som din vistelsetid i Sverige, dina band till landet och dina avsikter för framtiden.

Nu är det här det blir intressant: vissa typer av utländska inkomster kan kvalificera sig för särskild skattebehandling i Sverige. Till exempel kan inkomster från vissa utländska anställningar eller affärsverksamheter vara berättigade till skattebefrielse eller skatteavdrag, beroende på de specifika omständigheterna och tillämpliga skattelagar. Det är viktigt att hålla dig informerad om dina skatteplikter och rättigheter gällande utländska inkomster i Sverige. Håll korrekta register över dina utländska inkomster, rådgör med skatteexperter eller rådgivare vid behov, och bekanta dig med alla relevanta skatteavtal eller avtal som kan påverka din skattesituation.

Genom att förstå beskattningen av utländska inkomster i Sverige och vidta proaktiva åtgärder för att hantera dina skatteärenden, kan du säkerställa efterlevnad av skattelagar samtidigt som du maximerar din skatteeffektivitet och ekonomiska välbefinnande, oavsett var i världen din inkomst kommer ifrån.

Beskattning av förmåner och bidrag: Maximera din inkomst samtidigt som du följer reglerna

Låt oss fördjupa oss i beskattningen av förmåner och bidrag – en viktig aspekt av att hantera din ekonomi och förstå dina skatteplikter i Sverige. Oavsett om du får förmåner från din arbetsgivare, regering eller andra källor, är det viktigt att veta hur de beskattas för att fatta välgrundade ekonomiska beslut.

Först och främst, låt oss prata om anställningsförmåner. I Sverige anses förmåner som din arbetsgivare tillhandahåller, såsom tjänstebilar, bostadsbidrag, måltidskuponger och sjukförsäkring, i allmänhet som skattepliktig inkomst. Det innebär att värdet av dessa förmåner läggs till din totala inkomst och beskattas därefter.

Vissa förmåner kan dock vara undantagna från beskattning eller berättiga till särskild skattebehandling enligt svensk lag. Till exempel kan arbetsgivar förmåner för pendlingskostnader, utbildningskostnader och vissa sociala förmåner vara helt eller delvis undantagna från beskattning, beroende på specifika kriterier och regler.

Låt oss härnäst diskutera statliga förmåner och ersättningar. Förmåner som ges av den svenska staten, såsom sociala avgifter, arbetslöshetsersättning, föräldraledighet förmåner och bostadsbidrag, är vanligtvis föremål för beskattning. Den skattemässiga behandlingen av dessa förmåner kan dock variera beroende på deras art och syfte.

Vissa socialförsäkringsförmåner kan till exempel vara helt skattepliktiga, medan andra kan vara helt eller delvis undantagna från beskattning, beroende på faktorer som din inkomstnivå och det specifika förmånsprogrammet. Det är viktigt att bekanta dig med skattereglerna som styr varje typ av förmåner för att säkerställa korrekt rapportering och efterlevnad av skattelagar.

Dessutom kan vissa förmåner och ersättningar vara föremål för specifika rapporteringskrav eller behörighetskriterier. Till exempel kan bostadsbidrag som tillhandahålls av arbetsgivare kräva dokumentation av hyresbetalningar eller bevis på bosättning för att kvalificera sig för skattelättnader.

Genom att hålla dig informerad om beskattningen av förmåner och bidrag i Sverige kan du fatta välgrundade beslut om din ekonomi och maximera din inkomst samtidigt som du följer skattelagstiftningen. Håll korrekta register över dina förmåner och ersättningar, rådgör med skatteexperter eller rådgivare vid behov och dra nytta av alla tillgängliga skattelättnader för att optimera din skattesituation.

Beskattning av pensionsinkomster: Planera din pensionsekonomi klokt

Låt oss utforska beskattningen av pensionsinkomster – en kritisk aspekt av pensionsplanering för individer i Sverige. Oavsett om du får statlig pension, tjänstepension eller privat pension är det viktigt att förstå hur din pension inkomst beskattas för att kunna fatta välgrundade ekonomiska beslut under dina gyllene år.

Här är affären: pensionsinkomster i Sverige är i allmänhet föremål för beskattning, men den specifika skatte behandlingen beror på typen av pension och hur den finansieras.

Statliga pensioner, som folkpensionen (allmän pension), finansieras genom avgifter från din lön under dina yrkesverksamma år och är vanligtvis inkomstskattepliktiga. Hur mycket skatt du är skyldig på din statliga pension beror på din totala skattepliktiga inkomst för året, inklusive eventuella andra inkomstkällor du kan ha.

Även tjänstepension, som tillhandahålls av arbetsgivare eller branschspecifika pensionsfonder, är föremål för beskattning. Den skattemässiga behandlingen av tjänstepensioner kan dock variera beroende på faktorer som om inbetalningarna gjordes före eller efter skatt och om pensionen betalas ut som ett engångsbelopp eller vanlig livränta.

Privata pensioner, såsom individuella pensionskonton (IRA) eller frivilligt pensionssparande, är en annan vanlig källa till pensionsinkomst. Dessa pensioner kan finansieras med avgifter före eller efter skatt, vilket kan påverka den skattemässiga behandlingen av uttag vid pensionering. I allmänhet är uttag från privata pensioner föremål för inkomstskatt, men de specifika reglerna kan variera beroende på typen av pension och hur den är uppbyggd.

Det är viktigt att överväga effekterna av beskattning när du planerar för pensionering och budgeterar för dina framtida utgifter. Genom att förstå hur din pensionsinkomst kommer att beskattas och dra nytta av alla tillgängliga skattelättnader eller avdrag kan du få ut det mesta av ditt pensionssparande och säkerställa en bekväm levnadsstandard i pension.

Tänk dessutom på att Sverige erbjuder olika incitament för pensionssparande, såsom avdragsgilla avgifter till vissa pensionsplaner, som kan hjälpa dig att bygga ett robust pensionsboägg samtidigt som du minimerar din skatteskuld på vägen.

När du närmar dig pensionsåldern, överväg att rådgöra med en finansiell rådgivare eller skatteexpert för att utveckla en skatteeffektiv pensionsinkomst strategi som är skräddarsydd för dina individuella omständigheter och mål. Med noggrann planering och välgrundat beslutsfattande kan du navigera i beskattningen av pensionsinkomster i Sverige och njuta av en trygg och givande pension.

Skatteavdrag för utbildning och forskning: Investera i kunskap och innovation

Låt oss utforska skattelättnader för utbildning och forskning – värdefulla incitament från den svenska regeringen för att uppmuntra livslångt lärande, innovation och kompetensutveckling. Oavsett om du ägnar dig åt högre utbildning, forskar eller investerar i yrkesutbildning, kan dessa skattelättnader hjälpa till att kompensera kostnaderna och främja personlig och professionell tillväxt.

Först och främst, låt oss prata om skattelättnader för utbildningskostnader. I Sverige kan enskilda personer ha rätt till skattelättnader eller avdrag för vissa utbildningsrelaterade utgifter, såsom studieavgifter, kursmaterial och studierelaterade resekostnader. Dessa skattelättnader är utformade för att göra utbildning mer tillgänglig och överkomlig för elever i alla åldrar och bakgrunder.

Till exempel kan individer som bedriver grund- eller forskarutbildning vara berättigade att dra av en del av sina studieavgifter från sin beskattningsbara inkomst, vilket minskar deras totala skatteskuld. Dessutom kan utgifter relaterade till yrkesutbildning eller kompetensutvecklingsprogram också berättiga till skattelättnader, vilket ger ytterligare incitament för livslångt lärande och karriäravancemang.

Men det handlar inte bara om formell utbildning – forskning och utveckling (FoU)-verksamhet är också berättigad till skattelättnader i Sverige. Företag som bedriver FoU-verksamhet kan kvalificera sig för skattelättnader eller avdrag för kostnader relaterade till forskningsprojekt, innovationsinitiativ och teknik utvecklingsinsatser.

Dessa skattelättnader syftar till att främja innovation, stimulera ekonomisk tillväxt och öka Sveriges konkurrenskraft på den globala marknaden. Genom att uppmuntra företag att investera i FoU strävar regeringen efter att främja en kultur av innovation och entreprenörskap, vilket driver framsteg och välstånd inom nyckel branscher och sektorer.

Oavsett om du är en individ som bedriver utbildning och kompetensutveckling eller ett företag som investerar i forskning och innovation, är det avgörande att förstå de tillgängliga skattelättnaderna och incitamenten för att maximera dina fördelar och optimera din skattesituation.

Håll korrekta register över dina utbildnings- och forskningskostnader, rådgör med skatteexperter eller rådgivare vid behov, och dra nytta av alla tillgängliga skattelättnader för att stödja dina personliga eller organisatoriska mål. Genom att utnyttja skattelättnader för utbildning och forskning kan du investera i kunskap och innovation samtidigt som du minimerar ditt skattetryck och bidrar till Sveriges tillväxt och välstånd.

Beskattning av sociala förmåner: Förstå inverkan på din ekonomi

Låt oss dyka ner i beskattningen av sociala förmåner – en viktig aspekt av att hantera din ekonomi och förstå dina skatteplikter i Sverige. Oavsett om du får arbetslöshetsersättning, föräldraledighet, sjukpenning eller andra former av socialbidrag är det viktigt att veta hur dessa förmåner beskattas för att kunna fatta välgrundade ekonomiska beslut.

I Sverige är sociala förmåner i allmänhet föremål för beskattning, men den specifika skatte behandlingen kan variera beroende på förmånens karaktär och dina individuella förutsättningar.

Arbetslöshetsersättning (arbetslöshetsersättning) betraktas till exempel som skattepliktig inkomst och beskattas i Sverige. Hur mycket skatt du är skyldig på dina arbetslöshetsersättningar beror på din totala skattepliktiga inkomst för året, inklusive eventuella andra inkomstkällor du kan ha.

Likaså beskattas föräldrapenning (föräldrapenning) och sjukpenning (sjukpenning) i Sverige. Dessa förmåner behandlas vanligtvis som skattepliktiga inkomster och ingår i din totala skattepliktiga inkomst för året när du beräknar din inkomstskatt.

Det är dock värt att notera att vissa sociala förmåner kan vara helt eller delvis undantagna från beskattning enligt svensk lag. Till exempel kan bostadsbidrag som ges av staten undantas från beskattning, beroende på särskilda kriterier och regler.

Dessutom kan vissa sociala förmåner vara föremål för särskilda rapporteringskrav eller behörighetskriterier. Till exempel kan vissa sociala biståndsprogram kräva dokumentation av din ekonomiska situation eller bevis på att du behöver kvalificera dig för förmåner.

Det är viktigt att hålla sig informerad om beskattningen av sociala förmåner i Sverige och att rådgöra med skatteexperter eller rådgivare vid behov för att säkerställa efterlevnad av skattelagar och regler. Genom att förstå hur sociala förmåner beskattas och vidta proaktiva åtgärder för att hantera dina skatteärenden kan du få ut det mesta av dina ekonomiska resurser och uppnå större finansiell stabilitet och trygghet.

Skattekonsekvenser av äktenskap och familj: Navigera din ekonomiska resa tillsammans

Låt oss utforska skattekonsekvenserna av äktenskap och familj – en viktig aspekt av personlig ekonomi och skatteplanering för par och familjer i Sverige. Oavsett om du ska knyta ihop säcken, bilda familj eller navigera livets milstolpar tillsammans, är det avgörande att förstå hur ditt civilstånd och din familjesituation påverkar dina skatter för att maximera ditt ekonomiska välbefinnande.

Först och främst, låt oss prata om äktenskap. I Sverige beskattas typiskt gifta par gemensamt, vilket innebär att deras inkomster slås samman skattemässigt. Detta kan ha både fördelar och nackdelar beroende på makarnas individuella inkomster och förutsättningar.

Till exempel kan sambeskattning resultera i en lägre total skatteskuld för par med olika inkomster, eftersom det gör att de kan dra nytta av inkomstdelning och dra fördel av lägre skatteklasser. Men för par med liknande eller höga inkomster kan sambeskattning resultera i en högre skattekostnad jämfört med att anmäla separat.

Dessutom kan äktenskap också påverka berättigandet till vissa skattelättnader, avdrag och bidrag. Till exempel kan gifta par vara berättigade till gemensamma skattelättnader eller avdrag, såsom grundavdrag, vilket kan minska deras sammanlagda skattepliktiga inkomst och sänka deras totala skatteplikt.

När det kommer till att bilda familj finns det ytterligare skattehänsyn att tänka på. Till exempel kan föräldrar vara berättigade till olika skatteförmåner och bidrag relaterade till barnomsorg, utbildning och familjestöd. Dessa förmåner kan hjälpa till att kompensera kostnaderna för att uppfostra barn och ge ekonomiskt stöd till familjer i nöd.

Dessutom kan födelsen eller adoptionen av ett barn också påverka din rätt till vissa skattelättnader eller avdrag. Till exempel kan föräldrar vara berättigade till barnbidrag (barnbidrag) eller vårdnadsbidrag (vårdnadsbidrag), som kan ge ytterligare ekonomiskt stöd för att täcka kostnaderna för barnuppfostran.

Sammantaget är det viktigt att förstå de skattemässiga konsekvenserna av äktenskap och familj för par och familjer i Sverige. Genom att hålla dig informerad om de skatteregler och regler som styr civilstånd och familjesituationer kan du fatta välgrundade beslut om din ekonomi och optimera din skattesituation till förmån för ditt hushåll. Oavsett om du planerar för framtiden, bildar familj eller navigerar efter livets milstolpar tillsammans, kom ihåg att kunskap är makt när det gäller att hantera dina skatter som ett par eller en familjeenhet.

Beskattning av frilansare och spelningsarbetare: Navigera i den flexibla arbetsstyrkan

Låt oss utforska beskattningen av frilansare och spelningsarbetare – ett växande segment av arbetskraften i Sverige och runt om i världen. Oavsett om du är frilansskribent, grafisk designer, Uber-förare eller TaskRabbit-hantlangare, är det avgörande att förstå hur din inkomst beskattas för att hantera din ekonomi och följa skattelagarna.

Som frilansare eller spelning arbetare i Sverige räknas du som egen företagare, vilket innebär att du ansvarar för att redovisa och betala skatt på din inkomst till Skatteverket. Detta kan innebära ytterligare komplexitet jämfört med traditionella anställningar, men med rätt kunskap och förberedelse kan du navigera i skatte landskapet med tillförsikt.

Först och främst, låt oss prata om inkomstskatt. Som egenföretagare måste du rapportera din frilans inkomst på din årliga skattedeklaration och betala inkomstskatt på din nettovinst. Det innebär att du drar av dina företags kostnader från din bruttoinkomst för att komma fram till din skattepliktiga inkomst. Vanliga avdragsgilla kostnader för frilansare och spelningsarbetare inkluderar utgifter för hemmakontor, utrustningskostnader, resekostnader och professionell utveckling.

Dessutom är egenföretagare i Sverige vanligtvis skyldiga att betala kvartalsvis förskottsskatt baserat på deras beräknade årsinkomst. Dessa betalningar hjälper till att sprida skattebördan och se till att du håller koll på dina skatte förpliktelser under hela året.

Men det handlar inte bara om inkomstskatt – som frilansare eller spelningsarbetare är du också ansvarig för att betala sociala avgifter på din inkomst av egenföretagare. Dessa avgifter finansierar socialförsäkrings program som sjukvård, pensioner och arbetslöshetsersättning. Beloppet du är skyldig i sociala avgifter baseras på dina företagsvinster och beräknas separat från inkomstskatten.

Dessutom kan du som egenföretagare vara berättigad till vissa skatteavdrag och krediter som kan hjälpa till att sänka din skatteräkning. Du kanske till exempel kan dra av utgifter relaterade till ditt företag, såsom reklam, kontorsmateriel och yrkes arvoden. Dessutom kan du vara berättigad till skatteavdrag för bidrag till pensionsplaner eller investeringar i vissa branscher.

Sammantaget är det viktigt att förstå beskattningen av frilansare och gig arbetare i Sverige för att hantera din ekonomi och maximera din inkomst. Genom att hålla dig informerad om dina skatte förpliktelser, föra korrekta register över dina inkomster och utgifter och söka professionell rådgivning när det behövs, kan du navigera i skatte landskapet med tillförsikt och säkerställa efterlevnad av skattelagar. Så varsågod, omfamna flexibiliteten i frilans- och spelningsarbete, och få ut det mesta av din entreprenörsanda i Sveriges dynamiska ekonomi.

Beskattning av utlandsstationerade: Navigera i internationella skatteregler

Låt oss utforska beskattningen av utlandsstationerade – individer som bor och arbetar utomlands samtidigt som de behåller banden till Sverige. Oavsett om du är en utlandsstationerad som arbetar för ett multinationellt företag, en internationell student eller en pensionär som njuter av livet utomlands, är det avgörande att förstå hur din inkomst beskattas för att hantera din ekonomi och följa skattelagarna.

För utlandssvenska är beskattningen av inkomster utomlands beroende av din bosättnings status och din inkomstkälla. Generellt gäller att om du anses vara skattemässigt bosatt i Sverige, är du föremål för svensk beskattning av din världsomspännande inkomst, oavsett var den tjänas. Men om du inte längre är skattemässigt bosatt i Sverige får du bara beskattas för inkomst som kommer från Sverige.

Att fastställa din skattemässiga hemvist status kan bero på faktorer som din vistelse utomlands, dina band till Sverige och dina avsikter för framtiden. Skatteverket använder specifika kriterier för att fastställa skattemässig hemvist, så det är viktigt att förstå dessa regler och hur de gäller för dina individuella omständigheter.

Som utlandssvensk kan du också vara berättigad till vissa skatteförmåner och incitament relaterade till ditt internationella uppdrag eller flytt. Du kan till exempel vara berättigad till skattelättnader eller avdrag för utgifter relaterade till din flytt utomlands, såsom resekostnader, boendekostnader och språkträning.

Dessutom har Sverige skatteavtal och avtal med många länder för att förhindra dubbelbeskattning – det är då du beskattas för samma inkomst av både Sverige och ett annat land. Dessa skatteavtal fördelar vanligtvis beskattnings rättigheter mellan de två länderna och tillhandahåller mekanismer för att lindra dubbelbeskattning, såsom krediter eller undantag.

Det är viktigt att hålla sig informerad om dina skatteplikter som utlandssvensk och att föra korrekta register över dina inkomster, utgifter och skatterelaterade dokument. Dessutom kan konsultation med skatteexperter eller rådgivare som är specialiserade på internationell beskattning ge värdefull vägledning och säkerställa efterlevnad av skattelagar i både Sverige och ditt hemland.

Genom att förstå beskattningen av utlandsstationerade och ta proaktiva åtgärder för att hantera dina skatteärenden, kan du navigera i komplexiteten i internationell beskattning med tillförsikt och sinnesfrid. Så fortsätt, omfamna den utländska livsstilen och få ut det mesta av dina globala äventyr samtidigt som du håller koll på ditt skatteansvar.

Skatterevisioner och överklaganden: navigera utmaningar med förtroende

Låt oss fördjupa oss i skatterevisioner och överklaganden – en process som kan vara skrämmande men hanterbar med rätt kunskap och förberedelser. Oavsett om du är företagare, frilansare eller enskild skattebetalare i Sverige är det avgörande att förstå hur skatterevisioner fungerar och dina rättigheter i överklagandeprocessen för att skydda dina intressen och säkerställa rättvis behandling av skattemyndigheterna.

Först och främst, låt oss prata om skatterevisioner. En skatterevision är en granskning av din skattedeklaration och bokföring av Skatteverket för att verifiera riktigheten och fullständigheten i din skatteredovisning. Revisioner kan utlösas av olika faktorer, såsom avvikelser i din skattedeklaration, slumpmässigt urval eller specifika risk bedömningskriterier.

Om du blir utvald för en skatterevision, få inte panik. Det är viktigt att reagera snabbt och samarbeta fullt ut med skattemyndigheterna. Tillhandahåll efterfrågad dokumentation och information korrekt och transparent för att underlätta revisionsprocessen. Kom ihåg att att bli granskad betyder inte nödvändigtvis att du har gjort något fel – det är bara en rutinprocedur för att säkerställa efterlevnad av skatteregler.

Under revisionen kan skattemyndigheten identifiera fel eller avvikelser i din skatteredovisning. Om justeringar görs i din skatt taxering som ett resultat av revisionen får du ett meddelande som beskriver ändringarna och eventuella ytterligare skatteskulder eller straffavgifter. Det är viktigt att granska revisions resultaten noggrant och söka förtydligande från skattemyndigheten om det behövs.

Om du inte håller med granskningsresultaten eller anser att de är felaktiga har du rätt att överklaga beslutet. Överklagandeprocessen tillåter dig att ifrågasätta skatte taxeringen och lägga fram bevis eller argument för att stödja din ståndpunkt. Du kan begära en prövning av skattemyndigheten eller vid behov eskalera överklagandet till en förvaltningsdomstol för vidare prövning.

När du överklagar en skatt taxering är det viktigt att samla in relevant dokumentation, organisera dina argument effektivt och följa de fastställda förfarandena och tidsfristerna för att lämna in överklaganden. Överväg att söka hjälp från skatteexperter eller juridiska rådgivare som är specialiserade på skattetvister för att hjälpa dig att navigera framgångsrikt i överklagandeprocessen.

Genom att förstå dina rättigheter och skyldigheter i skatterevisioner och överklaganden kan du ta dig an dessa utmaningar med tillförsikt och minimera den potentiella påverkan på din ekonomi och ditt rykte. Håll dig informerad, håll dig proaktiv och tveka inte att söka stöd när det behövs. Med rätt upplägg kan du effektivt ta upp skattefrågor och lösa tvister med Skatteverket samtidigt som du tillvaratar dina intressen och bevarar dina rättigheter som skattebetalare.

Skatte Informationsresurser: Din guide till att navigera i svensk beskattning

Okej, låt oss prata om var du kan hitta tillförlitlig information som hjälper dig att navigera i den svenska skatten. Oavsett om du är en skattebetalare, en företagare eller bara någon som vill lära dig mer om skatter i Sverige, finns det massor av resurser tillgängliga för att hjälpa dig att förstå systemet och följa skattelagstiftningen.

Först och främst, låt oss börja med Skatteverket – din bästa källa för allt skatterelaterat i Sverige. Skatteverkets webbplats är späckad med värdefull information, inklusive guider, formulär, publikationer och vanliga frågor som täcker ett brett spektrum av skatte ämnen. Oavsett om du behöver hjälp med att lämna in din deklaration, förstå avdrag och krediter eller lösa skattefrågor är Skatteverkets hemsida en skattkammare av resurser.

Nästa upp, överväg att rådgöra med skatteexperter eller rådgivare som är specialiserade på svensk beskattning. Oavsett om det är en revisor, skatteadvokat eller finansiell rådgivare, kan dessa yrkesmän tillhandahålla personlig vägledning och hjälp skräddarsydd efter dina individuella omständigheter och behov. De kan hjälpa dig att navigera i komplexa skattelagar, optimera din skattesituation och säkerställa efterlevnad av regler.

Överväg dessutom att gå med i onlineforum, diskussionsgrupper eller sociala medier som fokuserar på svensk beskattning. Dessa plattformar kan vara värdefulla källor till kamratstöd, råd och insikter från andra skattebetalare och professionella. Du kan ställa frågor, dela erfarenheter och lära dig av andra som kan ha stött på liknande skatterelaterade utmaningar.

Glöm inte utbildningsresurser som böcker, artiklar och workshops om svensk beskattning. Det finns gott om resurser tillgängliga för att hjälpa dig att fördjupa din förståelse av skattelagar, förordningar och bästa praxis. Oavsett om du föredrar att läsa om skatte ämnen i din egen takt eller delta i en workshop för att lära av experter personligen, kan utbildningsresurser ge värdefulla insikter och kunskaper som hjälper dig att navigera i skatte landskapet med tillförsikt.

Och sist men inte minst, tveka inte att höra av dig direkt till Skatteverket eller andra relevanta statliga myndigheter om du har specifika frågor eller funderingar kring din skattesituation. De är där för att hjälpa och kan ge vägledning och hjälp för att säkerställa att du uppfyller dina skatte förpliktelser och får ut det mesta av tillgängliga resurser och förmåner.

Sammantaget, genom att dra nytta av dessa skatte informationsresurser och hålla dig informerad om svensk beskattning, kan du ge dig själv möjlighet att fatta smarta ekonomiska beslut, optimera din skattesituation och navigera i skatte landskapet med tillförsikt och tydlighet.

Skatteeffekter av investeringar utomlands: Navigering i internationell investerings beskattning

Okej, låt oss utforska skattekonsekvenserna av att investera utomlands – ett viktigt övervägande för individer som vill diversifiera sin investeringsportfölj och utnyttja globala marknader. Oavsett om du investerar i utländska aktier, obligationer, fastigheter eller andra tillgångar är det avgörande att förstå hur dina internationella investeringar beskattas för att hantera din ekonomi och optimera din investeringsavkastning.

Först och främst, låt oss prata om investerings intäkter. När du tjänar inkomster från investeringar utomlands, såsom utdelningar, räntor eller kapitalvinster, kan du bli föremål för beskattning både i det land där investeringen är belägen och i ditt hemland (i detta fall Sverige). Detta kan resultera i potentiell dubbelbeskattning – att betala skatt på samma inkomst i två olika jurisdiktioner.

För att minska risken för dubbelbeskattning har många länder, inklusive Sverige, skatteavtal och avtal på plats för att förhindra dubbelbeskattning och säkerställa rättvis behandling av skattebetalare med gränsöverskridande investeringar. Dessa skatteavtal fördelar vanligtvis beskattnings rättigheter mellan de två länderna och tillhandahåller mekanismer för att lindra dubbelbeskattning, såsom krediter eller undantag.

I Sverige kan exempelvis invånare som tjänar inkomster från investeringar utomlands vara berättigade till utländsk skattereduktion för att kvitta skatter som betalas till utländska stater på deras investeringsinkomst. Denna kredit hjälper till att minska den totala skattebördan på inkomster från utländska investeringar och säkerställer att skattebetalare inte blir orättvist straffade för att investera internationellt.

Dessutom kan skatte behandlingen av specifika typer av investeringsinkomster variera beroende på faktorer som typen av investering, landet där inkomsten tjänas in och tillämpliga skattelagar och regler. Till exempel kan utdelningar från utländska aktier beskattas med andra skattesatser än ränteintäkter från utländska obligationer eller kapitalvinster från försäljning av utländsk egendom.

Det är viktigt att hålla sig informerad om skattereglerna och reglerna som styr internationella investeringar och att rådgöra med skatteexperter eller rådgivare som specialiserar sig på internationell beskattning vid behov. De kan hjälpa dig att navigera i komplexiteten med gränsöverskridande investeringar beskattning, optimera din skattesituation och säkerställa efterlevnad av skattelagar i både Sverige och det land där dina investeringar finns.

Genom att förstå skattekonsekvenserna av att investera utomlands och vidta proaktiva åtgärder för att hantera dina skatteärenden, kan du fatta välgrundade investeringsbeslut, minimera risken för dubbelbeskattning och maximera din investeringsavkastning på globala marknader. Så fortsätt, utforska världen av internationella investeringar och diversifiera din portfölj med tillförsikt.

Skattekonsekvenser av entreprenörskap: Navigera i skatte landskapet som företagsägare

Låt oss prata om vad det innebär skattemässigt att vara sin egen chef, driva eget företag eller nystarta. När du ger dig ut i entreprenörskap i Sverige bygger du inte bara ditt varumärke och jagar dina drömmar; du dyker också in i en värld av skatteansvar och möjligheter.

För det första, när du startar ett företag måste du välja en juridisk struktur, oavsett om det är en enskild firma, ett partnerskap eller ett företag. Varje struktur kommer med sina egna skattekonsekvenser. Till exempel, som enskild firma, behandlas din företagsinkomst vanligtvis som personlig inkomst, med förbehåll för inkomstskattesatser. Partnerskap och företag har sina egna skatteregler, inklusive bolagsskattesatser och regler för utdelningar och utdelningar.

Sedan finns det avdrag. Som företagare har du rätt att dra av legitima affärskostnader från din skattepliktiga inkomst, vilket minskar din totala skatteräkning. Detta kan inkludera utgifter som hyra, verktyg, kontorsmaterial, marknadsföringskostnader och anställdas löner. Att hålla noggranna register över dina företagskostnader är nyckeln till att maximera dina avdrag och minimera din skatteskuld.

När ditt företag växer kan du också bli berättigad till olika skattelättnader och incitament för att främja entreprenörskap och företagstillväxt. Dessa kan omfatta krediter för forskning och utveckling (FoU), innovation bidrag och skattelättnader för att anställa anställda eller investera i vissa branscher eller regioner.

Men att driva ett företag handlar inte bara om skattelättnader – det finns också skatteplikter att ta hänsyn till. Du måste till exempel hålla koll på dina företagsskatter, inklusive inkomstskatt, mervärdesskatt (moms), löneskatter och andra tillämpliga skatter eller avgifter. Saknade tidsfrister eller underskattning av dina skatteskulder kan resultera i straffavgifter och räntekostnader, så det är viktigt att hålla sig organiserad och följa reglerna. Slutligen, låt oss inte glömma pensions planeringen. Som företagare måste du ta ansvar för ditt eget pensionssparande. Lyckligtvis finns det olika skattemässiga pensionsplaner tillgängliga för egenföretagare och småföretagare, såsom individuella pensionsplaner (IPS) och tjänstepensionssystem. Att bidra till dessa planer kan inte bara hjälpa dig att spara för framtiden utan också ge värdefulla skatteförmåner på vägen.

Sammantaget kommer entreprenörskap med sin beskärda del av skatte överväganden – från att välja rätt juridisk struktur till att maximera avdrag och hantera skatte förpliktelser. Genom att hålla dig informerad om de skattemässiga konsekvenserna av entreprenörskap och söka professionell rådgivning när det behövs, kan du navigera i skatte landskapet med tillförsikt och fokusera på att bygga ett framgångsrikt och blomstrande företag.

Beskattning av fastighetstransaktioner: Navigera i fastighetsskatt labyrinten

Okej, låt oss dyka in i fastighetsbeskattning ens värld – en komplex men viktig aspekt av att köpa, sälja och äga fastigheter i Sverige. Oavsett om du är en husägare, en fastighetsinvesterare eller en fastighetsutvecklare är det avgörande att förstå hur fastighetstransaktioner beskattas för att fatta välgrundade beslut och maximera din ekonomiska avkastning.

Först och främst, låt oss prata om fastighetsskatter. I Sverige är fastighetsägare föremål för en rad skatter relaterade till deras fastighetsinnehav. Dessa kan omfatta fastighetsskatt (fastighetsskatt), markskatt (tomtskatt) och kommunala avgifter (kommunalavgifter), som täcker tjänster som vatten, avlopp och avfallshantering.

Fastighetsskatten i Sverige baseras vanligtvis på fastighetens taxeringsvärde, så kallat taxeringsvärde. Detta värde fastställs av Skatteverket och används för att beräkna fastighetsskatteskyldigheten för ägaren. Taxeringsvärdet omvärderas med jämna mellanrum för att spegla förändringar i fastighetsvärden och marknadsförhållanden.

Vid köp eller försäljning av fastigheter i Sverige finns det även skattekonsekvenser att ta hänsyn till. Till exempel kan säljare bli föremål för kapitalvinstskatt på eventuella vinster från försäljning av fastighet. Skattebeloppet beror på faktorer som hur länge fastigheten ägdes och om den användes som primärbostad eller investeringsfastighet.

Dessutom kan köpare vara skyldiga att betala stämpelskatt på köpeskillingen för fastigheten. Stämpelskatten varierar beroende på värdet på fastigheten och om det är en bostads- eller kommersiell transaktion.

Vidare finns skattemässiga överväganden för hyresintäkter från förvaltningsfastigheter. Hyresvärdar i Sverige är skyldiga att redovisa hyresintäkter på sina skattedeklarationer och betala inkomstskatt på vinsten från att hyra ut sina fastigheter. Avdrag kan göras för utgifter som fastighetsunderhåll, reparationer och förvaltningsavgifter.

Sammantaget är det viktigt att förstå beskattningen av fastighetstransaktioner i Sverige för både fastighetsägare, investerare och utvecklare. Genom att hålla dig informerad om fastighetsskatter, reavinstskatt, stämpelskatt och andra skattekonsekvenser kan du fatta välgrundade beslut om att köpa, sälja och förvalta fastigheter och maximera din ekonomiska avkastning på fastighetsmarknaden.

Miljöskatter och incitament: Främja hållbarhet genom skattepolicy

Låt oss undersöka hur skattepolitik kan användas för att stimulera till miljövänligt beteende och ta itu med trängande miljöutmaningar. I Sverige, liksom i många andra länder, spelar miljöskatter och incitament en betydande roll för att främja hållbarhet, minska koldioxidutsläppen och skydda naturresurserna.

Låt oss först tala om miljöskatter. Dessa är skatter som tas ut på aktiviteter, produkter eller tjänster som har negativ miljöpåverkan. Till exempel är skatter på koldioxidutsläpp, energiförbrukning och föroreningar vanliga former av miljöskatter. Genom att öka kostnaderna för aktiviteter som skadar miljön uppmuntrar miljöskatter individer och företag att minska sitt miljöavtryck och gå över till renare, mer hållbara alternativ.

I Sverige tas miljöskatter ut på olika verksamheter och produkter, inklusive fossila bränslen, elförbrukning och fordonsutsläpp. Till exempel finns det en koldioxidskatt på användningen av fossila bränslen för uppvärmning och transporter, som syftar till att motverka kolintensiva aktiviteter och uppmuntra användningen av förnybara energikällor.

Dessutom har Sverige genomfört incitament och subventioner för att främja produktion av förnybar energi och energieffektivitet. Till exempel kan individer och företag som investerar i förnybar energiteknik, såsom solpaneler eller vindkraftverk, vara berättigade till skattelättnader, bidrag eller förmånliga finansieringsvillkor. Likaså finns det incitament för energieffektivt byggande och renoveringar, såsom sänkta fastighetsskatter eller bidrag till energibesparande uppgraderingar.

Vidare har Sverige implementerat ett system med omsättbara utsläppsrätter, känt som EU Emissions Trading System (EU ETS), som sätter ett tak för koldioxidutsläpp från vissa industrier och tillåter företag att köpa och sälja utsläppsrätter. Denna marknadsbaserade strategi för att minska utsläppen ger ekonomiska incitament för företag att investera i renare teknik och minska sitt koldioxidavtryck.

Sammantaget spelar miljöskatter och incitament en avgörande roll i Sveriges arbete med att motverka klimatförändringar, skydda miljön och främja en hållbar utveckling. Genom att anpassa ekonomiska incitament till miljömål kan skattepolitiken driva innovation, uppmuntra ansvarsfullt beteende och skapa en grönare och mer hållbar framtid för kommande generationer.

Beskattning av digitala tjänster: Ta itu med utmaningar i den digitala ekonomin

Låt oss utforska hur beskattning utvecklas som svar på framväxten av digitala tjänster och de utmaningar de innebär för traditionella skattesystem. I Sverige, liksom i många andra länder, brottas beslutsfattare med hur man ska beskatta digitala tjänster rättvist och effektivt i en allt mer digitaliserad ekonomi.

Låt oss först definiera vad vi menar med digitala tjänster. Digitala tjänster omfattar ett brett utbud av onlineaktiviteter och transaktioner, inklusive e-handel, digital reklam, streamingtjänster, molnbaserad datoranvändning och nedladdning av programvara. Dessa tjänster tillhandahålls ofta på distans över internet, vilket gör dem svåra att spåra och beskatta med traditionella skattemodeller.

En av de viktigaste utmaningarna vid beskattning av digitala tjänster är att fastställa lämplig jurisdiktion för beskattning. Till skillnad från fysiska varor eller tjänster, som vanligtvis beskattas baserat på var de produceras eller konsumeras, kan digitala tjänster tillhandahållas från var som helst i världen, vilket suddar ut gränserna för jurisdiktion och komplicerar skatteuppbörden.

För att möta denna utmaning undersöker många länder, inklusive Sverige, sätt att uppdatera sina skattelagar och regler för att effektivt fånga intäkter från digitala tjänster. Ett tillvägagångssätt är att införa skatter för digitala tjänster (DSTs), som är riktade skatter på intäkter som genereras av digitala företag som verkar inom ett lands gränser.

I Sverige har diskussionerna kring beskattning av digitala tjänster fokuserat på att säkerställa att digitala företag bidrar med sin beskärda del till de offentliga finanserna och inte åtnjuter orättvisa skattefördelar gentemot traditionella företag. Att implementera effektiva sommartider kräver dock internationellt samarbete och samordning för att undvika dubbelbeskattning och mildra potentiella handelsspänningar.

Ett annat sätt att beskatta digitala tjänster är att revidera befintliga skatteregler för att bättre fånga upp digitala transaktioner och aktiviteter. Att uppdatera reglerna för mervärdesskatt (moms) till att inkludera digitala tjänster och sänka momströskeln för digitala varor och tjänster som säljs till konsumenter online kan till exempel hjälpa till att säkerställa att digitala företag omfattas av samma skatteregler som deras fysiska motparter.

Dessutom finns det ett växande intresse för internationella initiativ för att ta itu med skatteutmaningarna i den digitala ekonomin. Organisationen för ekonomiskt samarbete och utveckling (OECD) har lett ansträngningarna för att utveckla ett globalt ramverk för beskattning av digitala tjänster, känt som Base Erosion and Profit Shifting-projektet (BEPS), som syftar till att säkerställa att multinationella företag betalar sin beskärda del. skatter i de länder där de är verksamma.

Sammantaget är beskattning av digitala tjänster en komplex och föränderlig fråga som kräver noggrant övervägande av den digitala ekonomins unika egenskaper. Genom att utforska innovativa skattelösningar, främja internationellt samarbete och engagera sig med intressenter över olika sektorer, kan beslutsfattare utveckla rättvisa och effektiva skatte policyer som stödjer innovation, ekonomisk tillväxt och finanspolitisk hållbarhet i den digitala tidsåldern.

Framtida trender inom svensk beskattning: Omfamning av förändring i ett dynamiskt landskap

Låt oss titta in i kristallkulan och utforska några potentiella framtida trender inom svensk beskattning, med tanke på det växande ekonomiska, sociala och tekniska landskapet. När Sverige fortsätter att anpassa sig till globala trender och förändringar i hur vi arbetar, konsumerar och interagerar, kommer skattepolitiken sannolikt att utvecklas för att möta samhällets förändrade behov och utmaningar.

Låt oss först överväga digitaliseringens inverkan på beskattningen. Med framväxten av digital handel, distansarbete och onlinetjänster kan traditionella skattemodeller behöva uppdateras för att fånga intäkter som genereras i den digitala ekonomin. Det kan handla om reformer av reglerna för mervärdesskatt (moms), införandet av skatter på digitala tjänster (DST) eller utökat internationellt samarbete för att ta itu med gränsöverskridande skattefrågor.

Dessutom, när världen brottas med det akuta behovet av att ta itu med klimatförändringar och främja hållbarhet, kan vi se ökad betoning på miljöbeskattning och incitament. Detta kan innefatta högre skatter på koldioxidutsläpp, incitament för förnybar energiproduktion och energieffektivitet och subventioner för grön teknik och hållbara metoder.

Dessutom, med växande oro för inkomstskillnader och social rättvisa, kan vi se ansträngningar för att göra skattesystemet mer progressivt och rättvist. Det kan handla om reformer av personliga inkomstskatter, införande av förmögenhetsskatter eller arvsskatter och åtgärder för att täppa till kryphål och förhindra skatteflykt och skatteflykt från de rikas sida.

Dessutom, eftersom Sverige och andra länder står inför demografiska utmaningar som en åldrande befolkning och sjunkande födelsetal, kan skattepolitiken behöva anpassas för att stödja sociala välfärdsprogram och säkerställa finanspolitisk hållbarhet. Detta skulle kunna innebära reformer av pensionssystemen, sjukvårdsfinansiering och socialförsäkringsprogram, samt åtgärder för att främja arbetskraftsdeltagande och ekonomisk tillväxt.

Slutligen, med snabba tekniska framsteg och den ökande globaliseringen av ekonomin, kan skattemyndigheterna behöva investera i nya verktyg och möjligheter för att effektivt upprätthålla skattelagar och bekämpa skatteflykt och bedrägerier. Detta kan innebära större användning av dataanalys, artificiell intelligens och digitala plattformar för att förbättra skatteförvaltningen och efterlevnaden.

Sammantaget kommer sannolikt den svenska beskattningens framtid att formas av ett komplext samspel mellan ekonomiska, sociala och tekniska krafter. Genom att anamma förändring, främja innovation och engagera sig med intressenter i hela samhället kan beslutsfattare utveckla skattepolitik som främjar rättvisa, hållbarhet och välstånd för alla. Så låt oss hålla ögonen på horisonten och vara redo att anpassa oss till vad framtiden än kan medföra.

Slutsats

Sammanfattningsvis kräver navigeringen i det svenska skattesystemet en omfattande förståelse för dess olika aspekter och implikationer. Från personliga inkomstskatter till bolagsskatter, miljöavgifter till incitament för innovation, varje del av skattesystemet spelar en avgörande roll för att forma Sveriges ekonomi och samhälle.

Som vi har utforskat i den här guiden är beskattningen i Sverige inte statisk utan utvecklas kontinuerligt för att möta nya utmaningar och möjligheter. Från beskattning av digitala tjänster till främjande av hållbarhet och social välfärd anpassar beslutsfattare skattepolitiken för att möta de föränderliga behoven i en dynamisk värld.

Men mitt i beskattningens komplexitet och utmaningar är en sak fortfarande klar: beskattning är avgörande för att finansiera viktiga offentliga tjänster, stödja sociala välfärdsprogram och främja ekonomisk tillväxt och utveckling. Genom att se till att skattesystemet är rättvist, effektivt och transparent kan Sverige fortsätta att frodas i ett ständigt föränderligt globalt landskap.

I slutändan, genom att hålla sig informerade, engagerade och proaktiva, kan individer, företag och beslutsfattare arbeta tillsammans för att bygga ett skattesystem som främjar välstånd, hållbarhet och social rättvisa för alla. Så låt oss fortsätta resan med att utforska och förstå svensk beskattning, och tillsammans kan vi forma en ljusare framtid för Sverige och dess medborgare.

www.ingramcontent.com/pod-product-compliance
Lightning Source LLC
Chambersburg PA
CBHW070414230526
45471CB00006B/2798